Weihnachtsgeschichten

Walt Disney Lustiges Taschenbuch

COMIC COLLECTION

EGMONT

Inhalt

Unsere Bücher finden Sie im
Buch- und Fachhandel und auf

www.egmont-shop.de

„Lustiges Taschenbuch Hardcover Edition: Weihnachtsgeschichten – Band 11"

Ursprünglich erschienen als „Lustiges Taschenbuch Weihnachten 22 – Sonderband"

© 2024 Disney Enterprises, Inc.

Erschienen in der
Egmont Comic Collection
verlegt durch Egmont Verlagsgesellschaften mbH,
Ritterstr. 26, 10969 Berlin

1. Auflage
Verantwortlicher Redakteur: Fabian Gross
Gestaltung: Wolfgang Berger
Koordination: Angelika Schönhuber
Printed in the EU
ISBN 978-3-7704-0911-2

www.egmont-shop.de
www.egmont-comic-collection.de
www.lustiges-taschenbuch.de
 @EgmontComics

Die Egmont Verlagsgesellschaften gehören als Teil der Egmont-Gruppe zur
Egmont Foundation – einer gemeinnützigen Stiftung, deren Ziel es ist, die sozialen,
kulturellen und gesundheitlichen Lebensumstände von Kindern und Jugendlichen zu
verbessern. Weitere ausführliche Informationen zur Egmont Foundation unter
www.egmont.com

Alessandro Sisti (Story), Andrea Lucci (Zeichnungen)

Vielleicht hat er keine Zeit!

Das aufblasbare Zusatzlabor spricht Bände.

Wenn das steht, ist er immer im Stress!

Gleichzeitig, im Labor...

So hatte ich es mir gedacht! Nun muss ich ihn nur noch testen.

KLOPF KLOPF

Hallo, Herr Düsentrieb!

Jungs! Kommt bitte später wieder, ich habe Kundschaft!

Oh, ich kann warten! Kinder haben bei mir immer Vortritt!

Bz!

Das lässt man sich doch gerne gefallen! Hehe!

Und was führt euch zu mir?

6

Die schiere Verzweiflung! Wir haben eine Hausaufgabe über die Ferien...

...und müssen zum Schulanfang gleich ein Referat...

„...über Dinosaurier halten!"

Jeder von euch darf sich seinen Saurier aussuchen. Es soll ja Spaß machen!

Klarer Fall! Ich nehme den Tyrannosaurus Rex!

Und ich den Spinosaurus!

Und worüber schreiben die drei Grazien?

Wir halten einen Vortrag über die Urzeitenten.

Die Ahnen aller heute lebenden Entenartigen!

Sie waren gesellig und klug.

Urzeitenten? Nie gehört.

9

Wenn Sie nichts dagegen haben, werde ich helfen.

Ist das eine gute Idee?

Ja, durchaus. Und eine ebenso gute Gelegenheit für einen Testlauf, wie ich finde.

Bzz!

Na schön! In Anbetracht eures Begleiters bin ich einverstanden!

Hurra!

Kommt! Mein Gefährt steht im aufblasbaren Zusatzlabor!

Hmm! Viel kann man davon ja nicht erkennen.

Es ist gut getarnt. Ich will nicht, dass es jemand zufällig sieht.

Aber kann es uns überhaupt in die Kreidezeit zurückversetzen?

Laufen wir schnell nach Hause! Das dauert nicht lange!

Immer mit der Ruhe, Jungs! Ich habe da etwas.

Wäre euch mit drei nagel-neuen Tablet-PCs gedient? Eine Art vorgezogenes Weihnachtsgeschenk.

Toll! Aber wie kann das sein?

Der Sack wirkt irgendwie leer, oder?

Tja, das ist eine... nun ja... molekularmythoschimäre Sinnes-täuschung! Im Ernst!

Ich nenne es lieber Magie! **Hohoho!**

Und jetzt alle Mann an Bord!

Wo ist denn das Steuer?

Hier ist gar nichts!

Nicht einmal ein Motor!

Vehikel wie dieses werden meist durch Zugtiere bewegt!

Eine Zeitmaschine, die von Pferden gezogen wird?

Deshalb bin ich hier! Leider haben sich meine Zugtiere einen heftigen Zug zugezogen und stehen mit Fieber im Stall.

Ich habe Herrn Düsentrieb gebeten, Ersatz für sie zu erfinden!

Und hier ist er, nach bestem Wissen und Gewissen!

TRAB

TRAB

Ein vierbeiniger Roboter, der durch die Zeit reisen kann?

Nein, diese Fähigkeit wohnt dem Schlitten von Herrn... hüstel... O'Laus inne!

Alles klar? Also dann...

...haltet euch gut fest! **Hohoho!**

Wieso? Das kam aus Herrn Düsentriebs Labor. Sie sind wohl nicht von hier?

Haben Sie das gesehen? Unglaublich!

Ich glaube, ich habe geschnallt, wer dieser Herr „Nick O'Laus" ist.

Klar! Sollen wir es ihm sagen?

Lieber nicht! Wenn er nicht erkannt werden will, sollten wir das achten.

He! Wir sind am Ziel!

Die gute alte Kreidezeit!

Schaut!

Da sind sie! Die Urzeitenten!

Hyyk?

Habt keine Angst! Wir sind es nur!

Ob sie uns vergessen haben?

Sieht nicht so aus!

Ich glaube, sie freuen sich!

Squak!

Schnüffel! Schnüffel!

Und irgendwas erwarten sie von uns!

Aber ja! Die Marmelade! Darauf waren sie immer ganz scharf!

Qwok!

Aber wir haben keine!

Kein Grund zur Aufregung, Jungs.

Das wäre mir sehr recht! Ich habe nämlich noch viel zu tun!

Das können wir uns lebhaft vorstellen.

Lebt wohl, Freunde! Auf ein andermal!

WOOSCH

Squok!*

*Kommt bald mal wieder! Mit ganz viel Marmelade!

Nur wenig später...

Perfekt! Ihre Erfindung macht Ihrem Ruf Ehre, Herr Ingenieur!

Willkommen! Wie war der Test-flug?

Nun, warten wir lieber ab, wie sie sich im Ernstfall schlägt.

Da gibt es einiges zu stemmen.

Wir gehen dann nach Hause!

Sqwokk!*

*Ich schlage vor, wir schauen uns ein wenig um!

Derweil...

Dieses Jahr ist die Hausarbeit im Handumdrehen erledigt!

Und dann haben wir noch die ganzen Ferien vor uns!

Hmm! Um diese Zeit holt Zack doch immer seinen Onkel am Museum ab.

Was haltet ihr davon, wenn wir ihm unter die Nase reiben was wir schon haben?

Das machen wir! Und zwar samt der Fotos!

Wir erzählen ihm einfach, das seien 3-D-Rekonstruktionen der Urzeitenten!

Doch...

Nett! Aber wer beweist mir, dass ihr das nicht alles erfunden habt?

Hehe!

Was sagst du zum Beispiel dazu?

Uaaark!

Was denn? So schlecht ist das Foto doch nun auch wieder nicht.

Sqwok!

Nichts wie weg hier!

Ich fasse es nicht! Die Ur-zeitenten!

Herrje! Wie kommen sie denn hierher?

Quak! Sqwink!

KUNDEMUSEUM

Herr Düsentrieb muss sie sofort wieder nach Hause zurückschicken!

Doch...

Squäk!

Was war das für ein Laut?

Was wissen Sie über die Weihnachtssaurier?

Genug, um ihnen einen neuen Namen zu verleihen!

Diese Saurier sind die Urahnen aller Entenartigen im Laufe der Evolution!

Und daher haben wir sie in Urzeitenten umbenannt!

Zurzeit sind sie in einem Anbau des Naturkundemuseums untergebracht.

Wo sie sich hoffentlich wohlfühlen.

O ja, ich denke, dass sie dort auf das Beste aufgehoben sind.

Gut zu wissen.

Hier, nehmt das, Jungs!

Was ist das?

Eine Erfindung, die euch helfen wird! Ich erkläre es euch.

Und dabei will ich schnell eine Zeitmaschine zusammenschustern.

Ihr sollt die Saurier hierherbringen, Jungs.

Ups! Das wird wohl nicht einfach.

In jener Nacht...

Schnirch!

Gehen wir! Onkel Donald schläft wie der viel besagte Stein!

Gut, dass wir die Reiseklamotten behalten durften. Die helfen gegen die Kälte.

Und bei diesen Temperaturen ist zum Glück auch kein Mensch auf der Straße!

So kommen wir wenigstens ungesehen zum Museum.

Wenig später...

Auf das elektronische Schloss hat uns Herr Düsentrieb vorbereitet!

Das bekommt seine Erfindung locker auf!

DILITT DILITT

TSCHAKLACK

Und sie verbirgt uns vor dem Überwachungssystem.

Wir müssen nur auf den Nachtwächter achten!

Wo ist denn eigentlich dieser Anbau?

Immer den Schildern nach! Das schätze ich so an Museen!

ZUM ANBAU →

Und bald darauf...

Hier hinter dieser Tür muss es sein!

28

Qwyrrk!

Sqwuk!

Na bitte! Wir haben sie gefunden!

Keine Panik, Freunde! Wir bringen euch hier raus!

KLICK

Bald seid ihr zu Hause und... oh!

Ein Vorhänge-schloss! Das kommt jetzt eher ungelegen.

Altmodisch, aber gnaden-los robust.

Wir brauchen etwas, um es aufzustemmen!

Herrn Düsentriebs Apparat taugt nur als digitaler Dietrich!

Tick, Trick, Track! Wie seht ihr denn aus?

Zack?

Was machst du hier so spät?

Mein Onkel hat momentan Nachtschicht. Ich habe ihn begleitet und wollte mir jetzt heimlich die Urzeitenten anschauen!

Tut mir leid, dass ich nicht geglaubt habe, dass es euch gibt!

Sqwak?

Seid ihr auch hier, um unsere Vorfahren zu bewundern?

Nein, um sie zu **befreien**!

Was? Seid ihr irre?

Ganz im Gegenteil!

Sie gehören nicht hierher! Dies ist nicht ihre Welt!

Es sind noch Küken! Die drei brauchen ihre Familie!

Eigentlich müsste ich meinem Onkel Bescheid geben, aber ihr habt recht.

Hyuk?

Ich helfe euch!

Fantastisch!

Wartet hier! Um diese Zeit macht mein Onkel seinen ersten Kontrollgang!

Gut!

Einige Minuten später...

Im Büro hängt immer ein Bund mit Ersatzschlüsseln! Hehe!

Na bitte, passt wie dafür gemacht!

Hurra!

KLACK

Kommt, Freunde!

Wir haben euch auch etwas mitgebracht!

Was ist in der Tasche?

Nun, wir wollen nicht, dass unsere Schützlinge auffallen.

Deshalb haben wir ein wenig in Onkel Donalds Garderobe gewühlt!

ZIPP

Bald...

Besonders unauffällig finde ich sie nicht.

Solange keiner sie sieht, wird es gehen.

Außerdem ist es nicht weit zu Herrn Düsentriebs Labor. Das schaffen wir schon.

Und sobald wir dort sind, schickt der Herr Ingenieur die Saurier zurück in die Kreidezeit!

Doch...

Leider ist die Zeitmaschine noch nicht fertig, Jungs!

Bz...

Aber Sie haben es versprochen!

Sicher! Doch Zeitmaschinen sind nicht mein täglich Brot!

Ich habe festgestellt, dass ich Teile benötige, die ich jetzt über die Feiertage nirgendwo bekomme.

Deshalb nehme ich nun ältere Erfindungen auseinander. Aber in ein paar Stunden ist die Maschine fertig!

Bis dahin hat man bemerkt, dass die Urzeitenten weg sind!

Und irgendjemand erinnert sich in diesem Zusammenhang an drei Jungs...

...die Herrn Düsentrieb erwähnten, und schon ist es passiert.

Dann stehen die hier im Handumdrehen auf der Matte!

Können wir denn überhaupt nichts tun?

Ich weiß nicht ob... oh? Wer ist das?

Herr Düsentrieb!

DING DING

Ich habe den Schlitten unter Volllast getestet, aber der Roboter schafft es nicht!

Das hatte ich befürchtet!

DING
DING

Meine Rentiere sind leider noch nicht gesund und morgen ist schon Weihnachten!

Sie müssen einen neuen Antrieb erfinden, sonst gibt es eine... nanu?

Hallo, Weihnachtsmann!

Sqwua-ank?

Was? Urzeitenten? Wie sind die hierhergekommen?

Eine berechtigte Frage.

Wahrscheinlich haben wir sie eingeschleppt. Wir wissen aber nicht, wie.

Ich kann es mir denken!

Sqwuka?

Ihr seid in den Sack gekrochen wegen der Marmelade, nicht wahr?

Squaak!

Na, dann steigt mal ein! Ich bringe euch nach Hause!

Mir fällt ein Stein vom Herzen!

Wie sieht es aus, Jungs? Kommt ihr mit?

Mit Vergnügen, Weihnachtsmann!

Aber wir wollen Zack nicht zurücklassen!

Ohne seine Hilfe hätten wir die Urzeitenten wohl nicht befreien können!

Ja, dann hat er es selbstverständlich verdient, mit uns zu kommen!

Und natürlich bekommst du auch die passende Reisebekleidung!

Das ist ja wie Weihnachten!

Zuerst treffe ich echte Saurierenten und dann darf ich im Schlitten des Weihnachtsmannes mitfliegen!

Hohoho!

Gute Reise!

Und kurze Zeit später...

Squiiek! Hyyrk!*

Skwak! Wakwak!**

*Endlich! Wo seid ihr gewesen?

**Das würdest du uns doch nicht glauben!

Sie sehen glücklich aus, oder?

Versteht sich! Sie sind jetzt wieder zu Hause!

So ein Saurier hat Kraft. Der zieht was weg, denke ich.

Dann denkst du dasselbe wie ich, Zack.

Was sagst du dazu, Weihnachtsmann?

Dass ich ganz eurer Meinung bin! **Hohoho!**

Hundert Millionen Jahre vergehen wie im Fluge, bis...

Die Urzeitenten werden Weihnachten mit ihrer Familie feiern!

Sehr gut! Und ich bin bald mit meinem neuen Rentier-Roboter fertig!

Alles klar, Herr Düsertrieb!

Was soll das heißen?

Oh, der braucht es aber gar nicht mehr!

Dass der Weihnachtsmann Ersatz für seine kranken Rentiere gefunden hat. Einen lebendigen!

Sehen Sie selbst!

WALT DISNEY

Weihnachten steht vor der Tür, doch im Hause Duck ist es um die Besinnlichkeit eher bescheiden bestellt.

Festmahl auf hoher See

Wie soll ich mit drei Talern und siebenundzwanzig Kreuzern ein Festmahl auf den Tisch bringen, das diesen Namen auch verdient hat?

D 2016-058

Entweder gibt es greisen Toast oder betagte Bohnen. Oder betagte Bohnen auf greisem Toast. **Seufz!**

Ich spreche mit Baron Borislav Barzhal, der weltbekannt ist als Hersteller von Luxusjachten und als Gastgeber von rauschenden Dinnerpartys an Bord derselben!

Gorm Transgaard (Story), **Flemming Anderson** (Zeichnungen)

Created 2016

Darf ich fragen, wie Ihre Pläne für Weihnachten aussehen, Herr Baron?

Nun, mir schwebt ein unprätentiöses neungängiges Menü auf See mit einigen wenigen Freunden und einem Häuflein handverlesener Kunden vor. Nichts Aufwendiges.

Hrmpf!

Das Leben ist nicht fair. Ich wünschte, meine Lieben wären auch zu so einem famosen Weihnachtsgelage geladen.

Und warum eigentlich nicht, wenn man die Sache genau betrachtet?

Aus diesem Grund, keine zwei Stunden später...

Wenn der gute Baron handverlesene Kunden einlädt, dann will ich mich mit Vergnügen verlesen lassen.

Guten Morgen, Käpt'n! Sind Sie bereit zum Ablegen?

41

42

47

Wahnsinn! Wenn die Wale nicht gewesen wären, hätten wir jetzt einen ausgewachsenen diplomatischen Zwischenfall am Hals!

SPLOSCH

Aber warum haben sie das überhaupt gemacht?

Ich glaube, die großen Wale haben uns geholfen, weil unser Hochstapler so nett war und die Orcas gefüttert hat!

Stimmt! Wer auch immer er ist, wir verdanken ihm unser Leben!

Verehrter Freund, wie kann ich Ihnen meine Dankbarkeit beweisen? Sie haben jeden Wunsch frei, nur keine Scheu!

Hmm!

Also, ehrlich gesagt, wüsste ich da schon etwas...

Immer raus damit, ich bin ganz Ohr!

Es hat heftig geschneit in der Nacht, und der Morgen erwartet die Entenhausener im winterlichen Kleide...

Carlo Panaro (Story), Ettore Gula (Zeichnungen)

Ich finde ja, wir sollten lernen, auch einmal Nein zu Onkel Dagobert zu sagen!

So, findest du? Und wie stellst du dir das vor?

Ich schulde ihm zehn Jahre Miete, und du ihm ein Vermögen für die Folgen deiner Schusseligkeit!

Na, das wüsste ich aber.

Ich bin kreativ und manchmal ein wenig übereifrig, aber von schusselig kann keine Rede sein!

Ungh!

BONK

Mir ist es egal, wie du es nennst, Dussel! Hauptsache, du lässt es sein, verstehst du?

Ich mühe mich.

Wenn ihr euch nicht sofort beide müht, und zwar mit der Schaufel, dann scheppert es!

Na schön, schippen wir eben wieder Schnee. Und danach wollen eine Menge Münzen poliert werden.

Da fällt mir ein...

Ich habe gestern etwas erfunden, das Onkel Dagobert garantiert gefallen wird!

Was denn?

Ein Metallpolierspray! Die Zusammensetzung findet man im Netz, aber ich habe die Rezeptur selbstverständlich entscheidend verbessert!

Ich führe es dir an deiner Schaufel vor. Du wirst aus dem Staunen nicht mehr herauskommen!

ZISCH

Bist du noch gescheit, du Stümper? Schau, was du angerichtet hast! Das zieht der Alte mir glatt vom Lohn ab!

Und dann mein schöner Schal! Seufz! Den hat mir Daisy geschenkt.

Tja, ich muss mich wohl bei irgendeiner der Zutaten vergriffen haben.

Ach, wirklich? Ich hätte auch gute Lust, mich zu vergreifen. Und dreimal darfst du raten, an wem!

Verzeihung, die Herren...

Können Sie mir sagen, ob ich Herrn Dagobert Duck in seinem Büro antreffe?

Grundsätzlich ja. Aber haben Sie einen Termin?

Nein, nur einen geschäftlichen Vorschlag, der ihm ein Vermögen eintragen könnte.

Das macht natürlich jeden Termin überflüssig.

Kommen Sie, wir zeigen Ihnen den Weg zum Allerheiligsten.

So eine Gelegenheit zum Aufwärmen bekommen wir nicht jeden Tag.

Hallo, Onkel Dagobert! Hier ist jemand, der dich gerne sprechen möchte.

Muss das sein? Ich habe gerade gerechnet, aber nicht mit einer Störung!

KLOPF KLOPF

DD

Schenken Sie mir eine Minute, Herr Duck! Sie werden sehen, es handelt sich um gewinnbringend angelegte Zeit.

Hmm...

Also meinetwegen! Ich gewähre Ihnen fünf volle Minuten, aber keine Sekunde mehr!

Nun denn... mein Name ist Doktor Delbert Diddler! Ich forsche und lehre an der renommierten Universität von Oxfurt...

Vier Minuten.

Ich verstehe. Kommen wir zur Sache! Ich darf mich rühmen, eine Erfindung gemacht zu haben: Sunny, die Taschensonne!

Man bringt sie per Fernbedienung in Position, aktiviert sie mit diesem Knopf...

?!

...und schon strahlt sie und wärmt ihre nähere Umgebung, wie es sich für eine Sonne gehört!

Das kommt genau richtig bei diesem Wetter!

Weil Onkel Dagobert aus Sparsamkeit am Heizen geizt!

Geführt durch die Fernbedienung, folgt die kleine Sonne ihrem Besitzer überallhin.

STRAHL

Auf diese Weise begleitet den Besonnten zu jeder Zeit und allerorten eine behagliche Wärme.

Allerdings wäre es falsch, meine Erfindung auf die Funktion eines fliegenden Heizstrahlers zu reduzieren!

Fährt man die Energie im Freien nach oben, kann Sunny beispielsweise das Schneeschippen überflüssig machen!

SCHMELZ

Was sagen Sie dazu, Herr Duck?

Nichts! Ich bin sprachlos und die Worte fehlen mir auch!

Fantastisch!

WEG!

WAS GUCKST DU?

Doch das ist nicht alles! Auf Reisen ist Sunny in der Lage, für eine warme Mahlzeit zwischendurch zu sorgen.

Aufgrund der genauen Ausrichtbarkeit der Strahlen garen sie Lebensmittel, ohne dabei ihr Umfeld zu erhitzen.

Unglaublich!

Meine Erfindung zeichnet sich aus durch ihre Vielseitigkeit, ihre einfache Handhabung und...

...durch ihr großes Sparpotential! Bitte verzeihen Sie, wenn ich meine fünf Minuten ein wenig überzogen habe.

Aus seiner Reaktion dürfen Sie schließen, dass er Ihnen so ziemlich alles verzeihen würde, Doktor Diddler!

Ups!

RING DING RING

Das haben wir gleich. Wie er selbst sagt... Bargeld beruhigt!

KLOPF

Sie haben mich überzeugt! Ich werde die Markteinführung Ihrer Erfindung finanzieren!

Da ich stets Verträge zur Hand habe, können wir es sogleich schriftlich machen!

Sie behalten 99 Prozent für sich und ich bekomme ein einziges Prozent?

Nun, das scheint mir doch mehr als angemessen, da das gesamte geschäftliche Risiko auf meinen greisen Schultern ruht.

Und unter kräftigen Schlägen auf die wohlbekannte Werbetrommel findet Sunny, die Taschensonne, wenige Wochen später ihren Weg auf den Markt...

Eine wärmende kleine Sonne ganz für mich alleine! Wie könnte ich da widerstehen?

Herzerwärmend! Heimelig! Und zum halben Preis von was auch immer! Holen Sie sich Ihre eigene Sonne ins Haus!

TV

SUNNY SCHEINT NUR FÜR DICH

SUNNY, SONNE, SPARSAMKEIT

Schon in den ersten Tagen übertrifft der Erfolg alle Erwartungen...

Haha! Ich hab eine! Der Aufwand hat sich tatsächlich gelohnt!

Siehst du, und ich habe noch überlegt, ob wir vor dem Laden übernachten sollen.

SUNNY

Die Leute erfreuen sich an der Vielseitigkeit ihrer Erwerbung.

Schaut! Heute hat die liebe Sonne selbst das Frühstück für euch zubereitet.

Miam!

Der Kohl kommt sich vor wie im Frühling und wächst darum vor der Zeit!

Endlich kann ich mich im Winter sonnen wie im Sommer! Das war ja kein Zustand mit den Jahreszeiten.

Derweil darf sich Onkel Dagobert an einer ganzen Flut von Talern erfreuen...

Wie erfrischend es doch ist, wenn man mit einer geschäftlichen Erwägung richtig liegt!

PLING
PLING
PLING

Wobei es selbst einem Tölpel wie Donald gelungen wäre, etwas so Tolles wie eine Taschensonne zu verkaufen.

Verzeihung, Herr Duck, aber der Herr Doktor Diddler wünscht, Sie aufsuchen zu dürfen.

Ausgerechnet jetzt!

Na, ich kann mir schon denken, was den Herrn Erfinder zu uns führt, Baptist.

Guten Tag, Herr Duck! Ich erlaube mir, wegen des Anteils an der Vermarktung meiner Idee vorzusprechen!

So pünktlich hätte nicht sein müssen.

Aber ich bin natür-
lich vorbereitet und
habe den Betrag
bereits errechnet.
Bitte zählen Sie
nach und...

Aber wozu denn?
Ich vertraue Ihnen
rückhaltlos!

Danke! Hüstel...
was halten Sie
davon, wenn wir
über einen kleinen
Nachlass
reden?

Ich halte es für den
Scherz, der es ja nur
sein kann.

Ich verstehe! Dann gehen Sie
bitte und quälen mich nicht
unnötig lange!

Das wird schon
wieder, Partner! Bis
zum nächsten
Mal!

Die Verkäufe sind
gut, aber da geht noch
mehr. Doch dafür
muss ich zuerst zwei
Faultiere auf Trab
bringen!

Er will, dass wir einen Artikel über
Sunny schreiben. Ausgerechnet
heute, am Jahrestag der
Stadtgründung!

Ich wollte so gerne die Parade sehen! Dieses Jahr soll es sogar Fallschirmspringer geben!

Sehr ärgerlich, in der Tat! Aber wir haben keine Wahl.

Also ans Werk! Vielleicht sind wir ja bis heute Nachmittag fertig, wenn die Parade beginnt!

Was hältst du davon, wenn wir auch ein bisschen was Persönliches über den Doktor schreiben?

Gute Idee! So etwas kommt bei den Lesern immer gut an!

Hmm! Im Internet findet sich nur Doktor Diddlers wissenschaftlicher Werdegang. Nichts, was wir nicht schon von ihm selbst wüssten.

Aber ich will mehr über den Privatmann erfahren, über seine Vorlieben, seine Hobbys, seinen Lieblingsfußballverein...

Ja, das macht den Artikel erst lebendig!

Weißt du was? Ich rufe bei der Universität von Oxfurt an! Vielleicht findet sich da jemand, der etwas aus dem Nähkästchen plaudert.

Ich hoffe, dass wir auf die Weise an ein paar Anekdoten kommen, die sich verwerten lassen.

Doktor Delbert Diddler, haben Sie gesagt? Einen Augenblick bitte, ich will sehen, was der Computer zu diesem Thema weiß.

Nichts. Niemand dieses Namens hat jemals an unserem Institut gelernt oder gelehrt, tut mir leid.

Sie müssen sich irren! Wissen Sie das sicher?

So sicher wie ich weiß, dass ich Besseres zu tun habe, als Ihnen zu versichern, dass ich sicher bin!

Hüstel... Verzeihung! Und danke für die Information!

Das mutet mich jetzt aber mehr als seltsam an.

Warte, es gibt da eine Liste aller aktiven Wissenschaftler. Wollen mal sehen...

Erstaunlich! Ein Doktor Diddler ist tatsächlich nicht verzeichnet!

DIDBERG
DIDDIER
DIDERLE
DIDHERR

Auch auf den Spezialseiten der einzelnen Wissenschaften findet sich kein Doktor Diddler!

Merkwürdig! In seinem Werdegang ist doch von der Mitarbeit an zahlreichen Instituten die Rede. Da stimmt etwas nicht!

Kein Einspruch! Aber was machen wir daraus?

Einen Fall von investigativem Journalismus! Wir behalten ihn im Auge! Komm!

Daher...

In dieser Verkleidung können wir Diddler beobachten, ohne aufzufallen!

Warum höre ich immer wieder auf dich? **Seufz!**

O nein! Wie entsetzlich! Ganz grauenvoll!

Was ist? Was siehst du, Dussel?

Der Mann schmiert Senf auf sein Honigbrot! Wie ausgefallen können die Gelüste eines menschlichen Wesens sein?

Hör schon auf, Dussel! Mir ist völlig schnuppe, was er in sich reinschaufelt! Hier geht es um wichtigere Fragen!

Ist ja gut. Oh! Er verlässt das Haus!

Findest du nicht auch, dass er sich verhält, als hätte er etwas zu verbergen? Wir müssen ihm folgen!

RRRUMPEL

Warum enden deine Ideen immer in einer mittleren Katastrophe, selbst wenn sie gut sind, du Unglückswurm?

Vielleicht potenziert sich unser Pech?

BLITZ

Doch da Doktor Diddler es offenbar nicht eilig hat, bleibt man ihm auf den Fersen...

Langsam! Er hat angehalten und schlägt sich zu Fuß in die Büsche!

Perfekt! Die Spuren sind nicht zu übersehen!

Leise!

KNACKS

Haha! Hahaha!

Was gibt es denn da zu lachen? Das klingt unheimlich.

Gehen wir noch weiter?

Eine gute Frage. Denn wer weiß, was hinter dem nächsten Baum an Unbilden lauern mag...

ZUPF

Jetzt kann ich die Maske wohl fallen lassen!

Na, so was! Diddler ist in Wirklichkeit IQ, das Genie der Schurkenbande!

Leise, Dussel!

Ohne Bertels Beistand hätten wir Sunny nie in Serie produzieren und über die Stadt verteilen können!

Wenn der wüsste, wen er finanziert hat, würde er glatt platzen vor Wut!

Und das Beste ist, er hat mir auch noch meinen Anteil in bar ausbezahlt!

Hahaha!

Die Miete für das Haus hat zwar gekostet, aber für den Fall der Fälle musste eine vorzeigbare Adresse her.

Als Schwindler muss man schließlich Vertrauen aufbauen.

Hinterhältiges Halunkenpack!

Nur noch wenige Minuten bis zur Stunde X! Dann nimmt der erste Teil meines zweifellos genialen Planes seinen Lauf!

Und damit wird es höchste Zeit, dass wir uns die extra dafür entwickelten Spezialkontaktlinsen eir setzen!

Dadurch sind wir vor den Auswirkungen vollkommen geschützt!

?!

IQ-176

Kannst du dir zusammenreimen, was die Schurken im Schilde fuhren, Donald?

Dazu fehlt mir die kriminelle Fantasie.

Aber es wird besser sein, wenn wir uns auch ein paar von diesen Schutzlinsen besorgen!

Sekunden später schlägt die Stunde X! Die Taschensonnen verlassen die Häuser ihrer verdutzten Besitzer...

Was denn?

KLIRR

Und nach einem vorbestimmten Programm finden sie sich über Entenhausen zusammen...

...um sich zu einer großen künstlichen Sonne zu vereinen!

BZZZZZ

Herrje! Wir sind die Einzigen, die sie aufhalten können!

Jedenfalls sind wir die Einzigen, von denen man einmal sagen können wird, dass sie es versucht haben.

Harharhar! Solange die künstliche Sonne scheint, bleibt Entenhausen ein Hort der Schlummernden!

Ja, aber wenn sie plötzlich aufhört zu scheinen, sieht es zappenduster für uns aus!

Kein Grund zur Sorge! Das System wird von einer Steuereinheit überwacht, die ich höchstpersönlich konstruiert habe...

...und die sicher aufgehoben ist in unserem geheimen Versteck, in dem wir jetzt auch unsere Beute bunkern!

Du bist halt ein Genie, Brüderchen! Immer schon gewesen!

Ein geheimer Schlupfwinkel! Und stell dir vor, ich habe eine Idee, wie wir ungesehen dorthinein kommen!

Zuerst schlüpfen wir in diese beiden leeren Säcke...

...und stellen uns brav zu den anderen! Dann brauchen wir nur noch zu warten, bis uns die Panzerknacker persönlich einpacken!

HOPP

HOPP

Das reicht, Brüder! Fürs Erste haben wir genug, denke ich!

Man ahnt nicht, was so ein bisschen Reichtum an Platz wegnimmt!

Aber die beiden letzten passen noch rein, mit ein wenig Druck!

- - -

„Abfahrt!"

Eine halbe Stunde später, irgendwo auf dem Land...

Das ist das perfekte Versteck! In diese Einöde verirrt sich keine Menschenseele!

VROOMM

Schafft den Schotter rüber in den alten Silo!

Ist das nicht der Hammer? Unser erster eigener Geldspeicher! Bertel wird staunen!

Das glaubst du aber!

Fertig! Ich schlage vor, wir machen Feierabend!

Der muss warten!

Jetzt gilt es erst einmal, Vorbereitungen zu treffen für den zweiten Teil meines famosen Planes.

Der Weg ist frei, Dussel! Nun hängt alles von uns beiden ab!

Der Apparat, der die künstliche Sonne steuert, befindet sich im Haus! Wir müssen irgendwie dahinein kommen...

...und das Teil außer Gefecht setzen! Ganz einfach, oder?

Ich weiß nicht so recht. Wie willst du das anstellen?

Was weiß denn ich? Wir könnten zum Beispiel...

...die Flossen hochnehmen, sonst fliegen die Fetzen, dass es funkt!

Uak!

Der Silo und der ganze Hof werden mit Kameras überwacht! Hier schummelt sich nicht die kleinste Schabe ungesehen in die Küche!

Rein mit euch! Als Erstes will ich wissen, wieso ihr beiden überhaupt wach seid!

Und so...

Tja, als ich meine falsche Netzidentität als Doktor Diddler aufgebaut habe, hatte ich die Neugierde der Presse nicht auf dem Schirm. Mein Fehler.

Aber jetzt sitzt ihr in der Falle und habt keinen Schimmer einer Chance mehr, mir in mein Halunkenhandwerk zu pfuschen!

An die Steuereinheit für die künstliche Sonne kommt ihr nicht ran!

Warum nehmen wir ihnen nicht einfach die Schutzlinsen ab? Dann schlummern sie wie alle anderen!

Nein!

Nach all der Mühe haben sie eine Belohnung verdient. Und ich finde es angemessen, dass es zwei Zeugen gibt, die meinen kriminellen Geniestreich später öffentlich machen!

Denkt mal scharf nach! Könnt ihr euch vorstellen, woraus der zweite Teil meines Plans besteht?

Nein! Aber du wirst es uns sicher gleich verraten!

Schämt euch, ihr beiden! Für Schreiberlinge habt ihr wirklich eine sehr bescheidene Fantasie.

Dabei liegt die Antwort auf der Hand! Wir räumen den Geldspeicher eures reichen Onkels aus!

Und zwar komplett und ratzekahl! Wir klauben noch den letzten Kreuzer aus der Ecke!

Gemeine Ganoven, hergelaufene!

Genug gequasselt! Fahren wir! Bertels Erspartes erwartet uns, und wir wollen doch nicht unhöflich sein!

Moment! Du bleibst hier und passt auf die beiden auf. Besser, wir gehen kein Risiko ein.

Ist das dein Ernst? Ich verpasse den Coup des Jahrhunderts?

Einer muss dran glauben! Wir erzählen dir alles haarklein, versprochen!

Hrmpf!

Seufz! Ich glaube, ich habe mich noch selten so hilflos gefühlt!

Wir können nicht das Geringste tun, um die Ganovenbande aufzuhalten!

VROOMMM

Hört auf zu palavern! Ich will in Ruhe eine Liste machen, wofür ich meinen Anteil an der Knete verpulvere!

Geraume Zeit später, in Entenhausen...

Harharhar! Ich kann's noch gar nicht glauben! Ein Traum wird endlich wahr!

Nach all den Jahren wandern Bertels Schätze doch noch in unseren Sparstrumpf!

Hahaha!

Genug geplanscht! An die Arbeit! Die Laster stehen leer, und dafür haben wir sie nicht geklaut!

Mit der hauseigenen Verladeanlage sind wir im Handumdrehen fertig.

Ich habe das Gefühl, ihr solltet eure Pläne lieber noch einmal überdenken.

Unmöglich! Der alte Knauser! Und hellwach wie ein Wiesel!

Und Uniformen! Das ist ganz schlecht!

Oh, jetzt verstehe ich! Die künstliche Sonne hat aufgehört zu scheinen!

Richtig! Und zwar, weil wir ihr den Saft abgedreht haben!

Was?

Das gibt's doch nicht! Wie habt ihr es geschafft, euch zu befreien?

Da staunt das Genie, wie? Zuerst hatten wir wenig Hoffnung, aber mit einem Mal...

„...hat Dussel bemerkt, dass er mit einer Hand an das Polierspray in seiner Tasche reichte!"

Nur bringt uns das leider nicht viel weiter.

Aber ja! Denk dran, was es mit meinem Schal angestellt hat! Das schafft es auch mit dem Seil!

Unser Wachhund ist total abgelenkt durch seine Liste. Der merkt nichts!

Mach schon, Dussel, so eine Gelegenheit kriegen wir nie wieder! Und mehr als schiefgehen kann es nicht!

Erst einmal frei, war es ein Kinderspiel, euren Komplizen zu überwältigen!

Und nachdem wir die Steuerungseinheit außer Gefecht gesetzt hatten, haben wir die Polizei gerufen.

Spielverderber!

Tja, ihr werdet wohl ziemlich lange Zeit keine Sonne mehr sehen. Nicht mal eine künstliche! **Hehe!**

Am nächsten Tag...

In dankbarer Anerkennung Ihres selbstlosen und mutigen Einsatzes zum Wohle der Stadt...

RATHAUS

...überreiche ich Ihnen den Bürgerorden mit Bommel am Bande, und das mit Vergnügen!

Danke!

Es ist uns eine Ehre!

Sie sind Helden, meine Herren, daran besteht kein Zweifel!

Nur der Tatsache, dass Sie den Computer im Versteck der Panzerknacker zerstört haben, ist es zu verdanken...

„...dass die Taschensonnen nur mehr als dekorativer Elektroschrott dienen!"

Ende gut, alles gut, wie man so schön sagt, nicht wahr?

Nein, ganz und gar nicht wahr, werter Herr Duck.

Ich habe keineswegs vergessen, dass die künftig nutzlosen, obschon teuer erstandenen Taschensonnen aus Ihren Fabriken stammen.

?

Daher werde ich dafür zu sorgen wissen, dass Sie den Besitzern den Kaufpreis zurückerstatten!

Ächz!

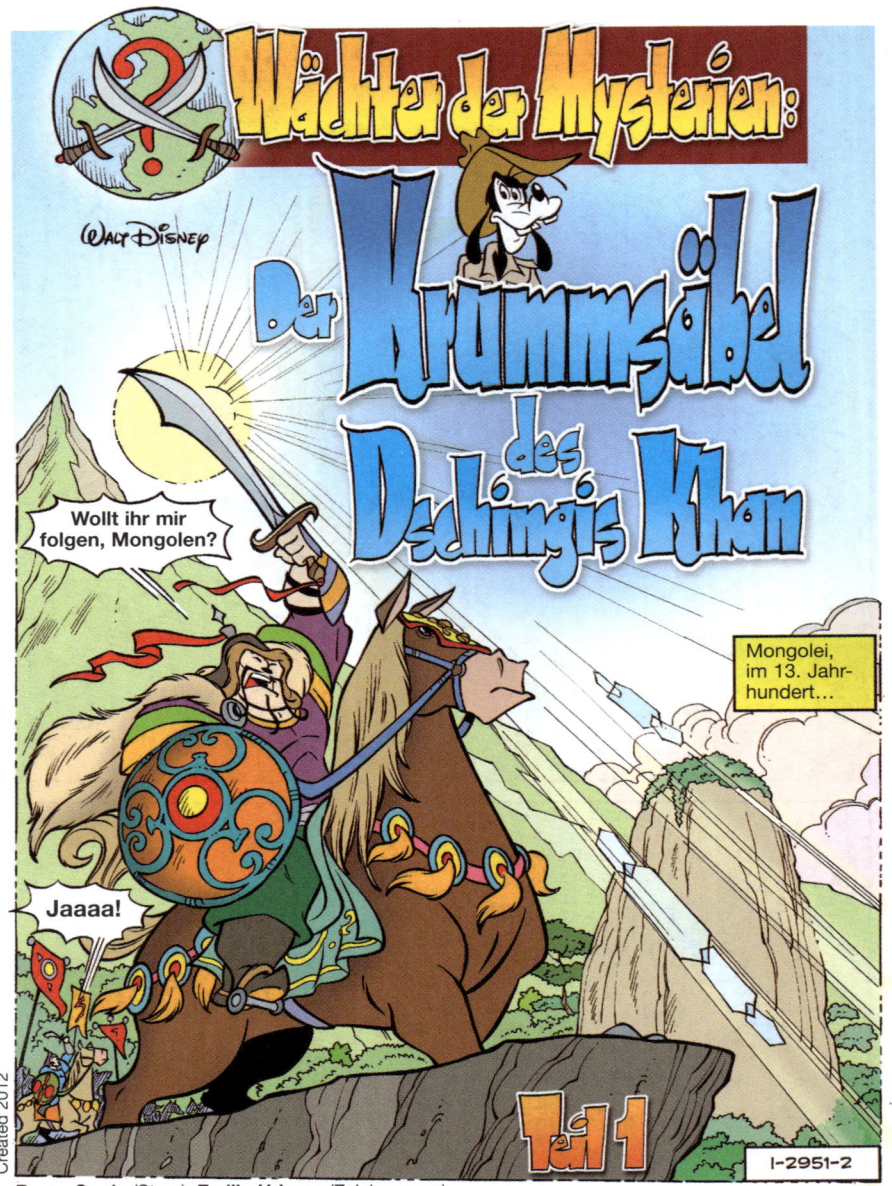

Bruno Sarda (Story), **Emilio Urbano** (Zeichnungen)

Viele Hundert Jahre
später, in der Lagune
von Venedig, vor einer
der vielen Inseln…

Da ist der
Palast der Danarons,
eine der reichsten
Kaufmannsfamilien
des alten
Venedigs.

SCH SCH

Es heißt, das Rad der Zeit kann
man nicht anhalten. Und so
ließen die Jahr-
hunderte…

…das Imperium der Danarons
genauso zerfallen wie ihren
einst prächtigen
Palazzo.

GNIEK

GNIEK

Soviel ich weiß, hat der letzte Sprössling der Familie Venedig für immer verlassen, um in Australien sein Glück zu suchen.

Seither ist das Haus unbewohnt. Mit anderen Worten, es dürfte niemanden stören, wenn ich mich hier umsehe.

Hm... Die Bibliothek müsste sich in diesem Flügel befinden.

Wenn man bedenkt, dass es der reine Zufall war, der mir das Buch in die Hände gespielt hat...

„Eigentlich wollte ich heute nach Hause fliegen, jedoch..."

Bevor ich Venedig verlasse, muss ich unbedingt ein Mitbringsel für Micky kaufen. Vielleicht finde ich hier etwas.

He! Pass doch auf, wo du hinfährst!

Sieh nur, was du angerichtet hast!

Seufz! Ich habe es befürchtet. Ausgerechnet das wertvollste Buch ist beschädigt.

Eine Chronik aus dem 19. Jahrhundert. Wer kauft mir die noch ab?

Ich, falls Sie mir Rabatt gewähren.

In solch alten Büchern stehen oft Historien und Histörchen, die die Welt längst vergessen hat. Aber ich hätte…

…nie gedacht, dass dieses Büchlein Sensationelles über den legendären Säbel des Dschingis Khan enthält.

Die Waffe dieses großen Eroberers soll magische Kräfte besessen haben. Die Gefolgsleute des Khans vergötterten den Säbel…

„...während er die Feinde das Fürchten lehrte."

Kapituliert!

Vorwärts, Leute!

Argh! Rückzug!

„Als Dschingis Khan von dieser Welt abtrat, verschwand auch der Säbel im Dunkel der Geschichte..."

CHINA

In diesem Buch steht nun, dass Marco Polo den Säbel gefunden und versteckt haben soll.

MARCO POLO

Den Ort des Verstecks hat er seinem Freund Damiano Danaron in einem Brief anvertraut, den die Danarons in ihrer Bibliothek wie eine...

...Reliquie hüteten. In Venedig bezeichnete man die Büchersammlung auch scherzhaft als Millionenarchiv.

BIBLIOTHEK

Wow! Was die Menge an Schmökern angeht, scheint die Zahl nicht übertrieben zu sein. Hier einen Brief finden zu wollen…

…kommt der Suche nach der Nadel im Heuhaufen gleich. Möglicherweise ist mit Millionen aber der Spitzname…

…von Marco Polo gemeint oder der Titel seiner ausführlichen Reisebeschreibung. Na, wer sagt's denn?

Seltsam! Da ist kein Brief… dabei war ich mir sicher…

Donnerwetter! Das kann man wohl mit Fug und Recht eine gut sortierte Bibliothek nennen.

Die durchzublättern würde Tage in Anspruch nehmen, wenn nicht noch länger...

Moment mal! Das ist eine illustrierte Ausgabe der „Göttlichen Komödie".

Hm... ich bin sicher, dass das kein Zufall ist. Mal sehen, ob es noch andere große Klassiker gibt.

Noch ein Versepos, das Weltruhm erlangte. Und bestimmt steht auch das nicht zufällig im Regal.

Aber was soll mir das sagen? Hm... vielleicht haben die Bücher etwas gemeinsam...

Ich wüsste nicht, was... außer dass die Nachnamen der Autoren beider Werke mit „A" anfangen – Alighieri und Ariosto...

Einen Augenblick! Auf dem Wappen der Danarons befinden sich auch zwei A.

Was, wenn ich die gleichzeitig drücke?

KLICK

Aha! Ich wusste es, eine klassische Lösung! Micky wäre sicher sofort draufgekommen.

Aber ich bin ja auch nicht auf den Kopf gefallen. Mal sehen, was da geschrieben steht...

„Während meiner Reise geriet ich immer wieder ins Staunen. Gestern traf ich auf einen tibetischen Mönch, der den legendären Krummsäbel Dschingis Khans bei sich trug..."

„Er vertraute mir an, dass er ihm eine zu schwere Last sei und er ihn daher einem weisen Mönch geben wolle, der im Blauen Kloster weilen soll…"

„Dort sei der Säbel sicher vor unwürdigen und gierigen Händen."

Endlich habe ich einen Hinweis darauf, wo sich die kostbare Waffe… **autsch!**

KLOPS

POCK POCK

Oh… oh… in meinem Schädel dröhnt und pocht es… wo… wo bin ich?

Offenbar in einem Raum mit undichten Wänden, durch die schon reichlich Wasser geflossen sein muss.

GLUCK GLUCK

Ääääch…
Luft! Endlich!

Als man auf der Mole sitzt…

Vielen Dank, mein Freund. Wie heißt du?

Nanu? Was hat er denn?

PLATSCH

100

Ein hinterlistiger Feind und ein scheuer Freund... und ich habe geglaubt, niemand wüsste von meiner Suche nach dem Säbel.

Aber ich lasse mich nicht aufhalten...

„...und so kam ich her."

Nur leider sind Sie am falschen Ort, Fremder.

Grmpf! Der Mönch aus dem Kloster weiter südlich hat mir das auch gesagt.

Können Sie mir den Weg zum Blauen Kloster beschreiben?

Ihre Ungeduld gleicht der jener Personen, die gestern hier waren und genau dieselbe Frage stellten.

Vermutlich habe ich einem von denen die Beule zu verdanken. Und nun werden sie vor mir das Kloster erreichen.

Das glaube ich nicht, mein Freund. Mir schienen diese Fremden wenig vertrauenswürdig. Darum habe ich ihnen eine nur unzureichende Wegbeschreibung gegeben.

Was auch immer Sie in dem Kloster suchen, ich spüre, dass Sie dazu bestimmt sind, es zu finden.

Der Mönch, der rechts auf dem Bild zu sehen ist, ist unser Kräutersammler. Er hat das Kloster als Einziger von uns besucht.

Vielleicht kann er mich dorthin führen?

Wohl kaum. Seit dieses Bild gemalt wurde, sind viele Jahre vergangen.

Guten Tag, Bruder Kräutersammler. Hast du frischen Kräutertee gemacht?

Räucherfee? Wovon sprichst du, junger Bruder?

Hm… ich frage mich, ob es das Blaue Kloster überhaupt noch gibt.

Diese Frage kann Ihnen niemand beantworten. Aber sollte es noch existieren, werden Sie es finden…

…wenn die ersten Sonnenstrahlen des Tages das Herz erwärmen.

Kaum später…

Bibber! Ein bisschen Sonne könnte ich jetzt auch gebrauchen…

…nicht nur für mein Herz.

Argh! Der Schneesturm will wohl gar nicht mehr aufhören!

Welch ein beeindruckendes Naturschauspiel! Und da ist auch das Herz.

Jetzt, wo das Licht es berührt, verwandelt es sich in eine Art Spiegel.

Schluck! Das Blaue Kloster… als wäre es in dem Herzen eingeschlossen. Das meinte also der Mönch...

Wenn ich in die Richtung laufe, aus der die Sonnenstrahlen kommen, müsste ich das Kloster finden.

Ein physikalisches Phänomen als Wegweiser. Wenn das nicht clever ist…

Komm schon, Kleiner. Nutzen wir das gute Wetter, um einen Durchgang zu finden.

Und, nach einem kurzen Marsch…

Na bitte! Das Kloster liegt am Ende dieser Schlucht. Noch ein paar Schritte…

ROLLER

Halt! Da vorne ist jemand. Und ich fürchte…

…dass er nicht zum Empfangskomitee des Klosters gehört.

POLTER

Los, lauf weg, so rasch du kannst! Mit einem Riesen- schneeball ist nicht zu scherzen!

Oh, oh! Offenbar haben mich diese Schurken um- zingelt!

Schluck!

WUMP

SPLOFF

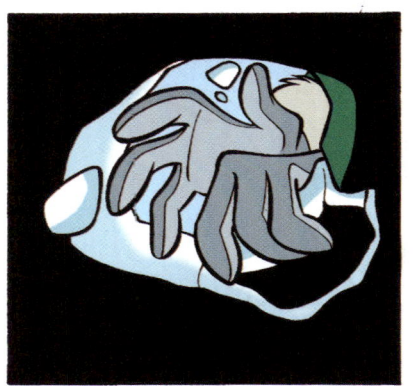

Hust! Würg! Ich liebe Eis, aber nur im Becher oder in der Waffel, mit Lakritz-streuseln obendrauf.

Danke, mein Freund… äh, nein, nicht nötig. Ich habe wirklich keinen Durst…

He! Ich sagte…

GLUCK GLUCK

Hust… was war das? Etwa konzentrierter Peperonisaft? Das Zeug ist verteufelt scharf.

Aber es geht mir wieder bestens. Ohne Sie wäre ich vermutlich erfroren…

Sagen Sie, kann es sein, dass Sie mich neulich schon mal gerettet haben?

Also, wenn Ihnen so viel an meiner Sicherheit liegt, könnten Sie mich doch zum Kloster begleiten.

Nicht? Auch gut. Aber diesmal werden Sie mir nicht entwischen…

Ächz! Tausche Widder gegen Taxi.

Was soll's! Ich habe eh etwas Besseres vor, als einem unbekannten Retter nachzujagen…

„…zumal ich so kurz vor dem Ziel bin."

Gemach, Indiana. Die Schurken könnten hier irgendwo sein.

Allerdings habe ich einen Vorteil. Die glauben sicher, sie wären mich los.

Daher könnte ich den Überraschungseffekt nutzen…

Was war das? Gut möglich, dass sich die Schurken da drinnen aufhalten… Besser, ich sehe nach.

Hilf mir auf, Fremder. Zwei Burschen haben mich überfallen und mir den Gehstock entrissen.

111

Weil Sie ihnen nicht verraten wollten, wo der legendäre Krummsäbel ist?

Ja! Ich habe ihnen gesagt, er sei in den Bergen verborgen.

Aber wenn ihnen klar wird, dass ich gelogen habe, werden sie zurückkommen.

Dann ist es besser, wenn ich Sie von hier fortbringe.

KRACKS

Das war der Stuhl des Klostergründers. Ächz!

Tut mir leid, aber ich schätze, er hat keine Verwendung mehr dafür…

…während Sie einen neuen Gehstock brauchen. Und, geht's wieder, Bruder?

Ja, vielen Dank, junger Freund. Aber nun sollten wir uns beeilen.

Unter der Statue des Klostergründers befindet sich ein Geheimgang.

Man muss nur auf den großen Zeh des Vaters drücken…

PLICK

Rasch, Fremder! Folge mir!

Gibt es in diesem Kloster noch andere Mönche außer Ihnen?

Nein. Ich bin der letzte Wächter des magischen Krummsäbels. Aber diese Bürde lastet schwerer und schwerer auf mir.

Der Augenblick ist gekommen, sie einem jüngeren Wächter zu übergeben.

Was will der Mönch damit sagen? Wird Indiana Goof den geheimnisvollen Krummsäbel bald in den Händen halten? Und steht ihm sein stiller Verbündeter weiter zur Seite? Antworten auf all diese Fragen gibt es auf den folgenden Seiten…

Ende des ersten Teils

Argh! Das… das ist der Säbel des Dschingis Khan!

Nimm ihn! Es obliegt nun deinem Gewissen, was mit diesem kostbaren, aber auch gefährlichen Säbel geschieht.

D-danke! Ich werde Ihr Vertrauen nicht enttäuschen.

Dessen bin ich mir sicher, junger Wächter.

Ich habe mich hier lange Zeit versteckt. Und wie du siehst, ist die Vorratskammer reich gefüllt.

Mjam! Und ich dachte, die Mönche ernährten sich nur von Yakbutter-Tee.

115

Keiner zu sehen? Gut! Möglicher-weise...

...haben sich die Schurken zurück-gezogen...

REMPEL

W-was war das?

Schluck! D-der Krumm-säbel!

DENGEL

Fass ihn nicht an, du Schurke!

117

Dann habe ich Ihnen die Kopfschmerzen zu verdanken?

Genau. Und mein Kumpel kam auf die Idee, dich in die Kammer zu sperren.

Aber offenbar reichte dir die Warnung nicht.

„Zum Glück! Immerhin bist du ein echter Könner im Kombinieren. Wir brauchten dir daher nur zu folgen…"

Einzigartig, wie das Eis ein Herz formt…

Und dann habt ihr diesen Riesenschneeball gegen mich ins Rollen gebracht.

Leider bist du ihm entkommen. Aber diesmal bist du endgültig dran.

Also reich mir den Säbel rüber, klar?

Wenn Sie es wünschen…

WACK

Umpf!

Es ist wahr, der Säbel hat magische Kräfte! Hehehe!

Grmpf! Dafür wirst du bestraft werden.

Du aber auch. Du hast es genauso vergeigt…

Hört auf, euch zu streiten, sonst schubse ich euch vom Yak runter und lasse euch zur Polizeiwache laufen.

Endlich! Ich habe mich schon gefragt, wann du dich blicken lässt.

Aha! Ihr seid zu dritt.

Klar, es muss doch immer einen geben, der zur Not eingreifen kann.

Nur sollte der auf seinen Rücken achten, sonst gerät er leicht selbst in Not.

Weg mit der Pistole!

PATT

Pah! Ihr habt vergessen, dass ich den Säbel habe!

Ich befehle dir, greif deinen Freund an! Und zwar jetzt!

S-sofort, mein mächtiger Gebieter!

Ei-ei-einen Augenblick… ich verstehe nicht…

Hehe-he!

KICK

Aaaah! Das war nur ein Trick. Hehehe!

KICK

Kompliment! Sie sind ein harter Kämpfer, Herr…

123

Kaos? Wer soll das denn sein?

Der Geheimbund von kriminellen Alchemisten, Okkultisten und Spiritisten, natürlich.

Gut! Jetzt weiß ich, wer die Bösen sind, aber ich will auch etwas über die Guten erfahren.

Ich gehöre zu einer Organisation, die Sie seit einiger Zeit beobachtet. Wir wissen Ihre Fähigkeiten auf dem Gebiet der Archäologie zu schätzen. Nun wollten wir testen, ob Weisheit auch zu Ihren Tugenden zählt.

Und, habe ich die Prüfung bestanden, Kara?

Mit Bravour! Sie haben viel für den Krummsäbel geopfert, als Sie ihn aufspüren wollten. Und dann waren Sie bereit, ihn in den Abgrund zu werfen…

Ihre Sorge, die falsche Person könne sich des Säbels bemächtigen, war stärker als Ihr Wunsch, den Säbel zu besitzen. Daher sind Sie würdig, unserer Gruppe beizutreten.

Hm… ihr wolltet also heraus-finden, ob ich etwas finden kann, das ihr nicht finden konntet…

…weil die Aufgabe für euch eine Nummer zu groß war?

In gewisser Weise schon. Nur in einem Punkt irren Sie sich, Indiana…

Den echten Säbel haben wir vor Monaten gefunden. Um nichts zu riskieren, haben wir Sie auf die Spur einer Kopie angesetzt.

„Das Original ist in einem unserer Verstecke in Sicherheit."

FUNDSTÜCK 13G

Ach, deshalb hatte der Säbel auch keine magische Wirkung.

Richtig! Dieser hier ist nur ein gewöhnlicher Krummsäbel. Wenn Sie mögen, können Sie ihn als Erinnerung an dieses Abenteuer behalten.

Grmpf! Dann habt ihr mich von Anfang an wie eine Marionette vorgeführt.

Aber, aber. So würde ich das nicht sagen.

„Ich war die rücksichtslose Radfahrerin. Der seltsame Buchhändler, bei dem Sie das Buch gekauft haben, war auch einer von uns…"

ZWINKER

…genau wie der alte Mönch im Kloster, der Ihnen den Säbel übergab.

Und wie ich vermute, waren letztlich auch die Ganoven von vorhin Teil eures Spiels.

Nein! Die Schurken sind leider echt. Sie müssen daher unserer Gruppe beitreten.

Wieso sollte ich? Ich bin durch die halbe Welt gejagt und habe mein Fell riskiert. Und wofür? Für nichts!

Nun haben Sie sich nicht so. In Wahrheit können Sie es doch kaum erwarten, uns kennenzulernen.

Außerdem erwartet man uns auf einer tropischen Insel.

Hm… die Aussicht auf ein Plätzchen in der Sonne hat etwas Verlockendes.

Vor allem wenn die Einladung an einem solchen Ort ausgesprochen wird.

Dann los! Wer zuletzt im Tal ankommt, zahlt das Essen für uns beide. Abgemacht?

Ich stehe in Ihrer Schuld. Da werde ich Sie ohnehin zum Essen einladen, auch wenn ich als Erster im Tal bin.

Und...

Mir schwebte eine Touristeninsel vor. Aber die hier steht nicht mal im Atlas.

Gerade das macht sie zum idealen Ort für ein Versteck.

Hier gibt es aber nichts außer Felsen.

Hat die Erfahrung Sie nicht gelehrt, nicht dem äußeren Schein nach zu urteilen?

Ja, sicher...

Dann warten Sie doch erst einmal ab.

KLICKER

Da! Der Eingang zum Versteck Nummer vier der Wächter der Mysterien.

129

BZZZZ

Toll, nicht wahr? Aber gleich werden Sie richtig staunen.

Ich werde Ihnen nämlich den großen Rat vorstellen.

Der große Rat der Wächter der Mysterien!

Willkommen, Indiana Goof! Hatten Sie eine angenehme Reise?

Können wir die Höflichkeiten überspringen und gleich zum Punkt kommen? Was soll ich hier?

Dass er ungeduldig ist, war klar, aber er ist auch sehr entschlossen.

Zudem noch mutig und waghalsig.

MUTIG 100 %
WAGHALSIG 103 %
SONDERBAR 91 %

Dann habt ihr mich wohl vollkommen durchleuchtet!

Mittels einer Persönlichkeitsanalyse, die Sam Sapiens erfunden hat...

...mit dem ich die Ehre habe, Seite an Seite zu arbeiten.

Die Ehre ist auf meiner Seite, Professor Argano.

Wie dem auch sei, wir sind auf die Mitarbeit der besten Fachleute angewiesen.

Unser schöner Planet steckt voller Mysterien und magischer Artefakte, deren Macht verheerend wäre, gerieten sie in falsche Hände.

Ich weiß, wovon Sie reden. Ich hatte schon öfter als mir lieb ist, damit zu tun.

Das ist uns klar, Indiana. Deshalb möchten wir, dass Sie Teil unserer Gruppe werden.

Unser Ziel ist es, die Welt vor Leuten ohne jede Skrupel zu schützen.

Wie zum Beispiel die Mitglieder von Kaos. Sie versuchen immer, uns einen Schritt voraus zu sein.

Sie können sich sicher vorstellen, wie gefährlich der Krummsäbel des Dschingis Khan in ihren Händen wäre.

Tja, die würden ihn vermutlich für reichlich Gold an eine fremde Macht verkaufen.

Oder selbst versuchen, die Welt damit zu unterjochen.

Wir haben schon viele Objekte in Sicherheit gebracht, aber einige sind noch im Umlauf.

Zum Beispiel auch Gegenstände außerirdischen Ursprungs, die zur Erde gelangten…

„…als die Aliens vor Äonen von Jahren auf unserem Planeten landeten."

Man erkennt sie an dem blau schimmernden Metall, aus dem übrigens auch sämtliche Ufos bestehen.

Der falsche Krummsäbel, den der Mönch mir übergeben hat, ist auch aus blauem Metall.

Genau wie der echte Säbel. Das versichere ich.

Aber woher wissen Sie das alles so genau?

Nun ja. In diesen Mauern lagern mehr Geheimnisse, als Sie sich vorstellen können.

Auch solche, von denen die Welt besser nichts erfahren sollte.

Viele der geheimnisvollen Artefakte geben uns Rätsel auf, weil heute niemand mehr weiß, wozu sie dienten. Durch hochklassige Forschung versuchen wir…

…ihre Funktionsweise zu entschlüsseln, um dadurch das Wissen über Vergangenheit, Gegenwart und Zukunft zu erweitern.

Savannen Tom, einer Ihrer Kollegen.

Ich habe viel von Ihnen gehört. Es freut mich, Sie kennenzulernen.

Es wäre mir eine Ehre, mit Ihnen zusammenzuarbeiten.

Das ist Lord Jason. In seinen Kreisen ist er als hochdekorierter General und Botschafter bekannt.

Hüstel… Sie übertreiben, meine Liebe.

Mein Name ist Blov, Igor Blov. Ich bin Geheimagent, wie Kara Kick auch.

Pech nur, dass wir beide für die jeweils andere Seite tätig sind.

Schon, aber was spielt das für eine Rolle? Wir wollen beide die Welt beschützen.

Zu guter Letzt, aber nicht minder wichtig – Toshiro Tatanakata, Inhaber des gleichnamigen japanischen Konzerns.

Ohne seine ökonomische Hilfe könnte die Organisation nicht existieren.

Geld zu akkumulieren ist unsinnig, wenn man es nicht für edle Ziele einsetzt, Indiana San.

Nun haben Sie den gesamten inneren Kreis kennengelernt, Indiana. Möchten Sie einer von uns sein?

Wenn ja, werden wir alle zusammen diese goldenen Kelche erheben…

…wenn nicht, leeren Sie bitte den schwarzen Kelch.

Was ist da drin?

Ein Trank, der Sie vergessen lässt, was Sie in der vergangenen Woche erlebt haben. Er schmeckt leicht nach Minze und Vanille.

Sie haben die Wahl, Indiana!

Er geht auf den schwarzen Kelch zu… **Seufz!**

Schade! Ich dachte, er sagt Ja.

Ich hatte nicht viel Zeit, über das Angebot nachzudenken. Aber wenn ich an all das denke, was ich gemeinsam mit Ihnen erleben und erkunden kann…

…dürfte ich mich nicht mehr Indiana Goof nennen, wenn ich ablehnen würde.

Hurra! Trinken wir auf uns, auf die Wächter der Mysterien!

Es lebe Indiana Goof!

Fausto Vitaliano (Story), **Carlo Limido** (Zeichnungen)

139

Die streiten sich ständig darüber, wer von ihnen die Geschenke schneller ausliefert!

Richtige Weihnachtsmänner sind die wohl beide nicht.

Nein, keine Spur vom Geist der Weihnacht. Da zählt nur der Umsatz.

Zweihundert Lieferungen in zwanzig Minuten, darunter tu ich es nicht, du halbes Hemd!

VROOMM

Sie arbeiten auf Kommission. Je mehr sie liefern, desto mehr verdienen sie.

Weihnachten war auch schon mal romantischer.

VROOOAARR

LIEFER-KLAUS

Kein Rangeln schafft Weg, kein Drängeln mehr, der Druck nimmt zu, es muss Hilfe her!

Hilfe!

Es gibt Grund genug zu erschrecken, wie es knirscht und knackt in allen Ecken.

MODE SCHUHE

KNIRSCH KNACK

144

Nein, bleibt hier! Das Publikum wird ausrasten!

Oh, da können Sie ganz beruhigt sein. Ich denke nicht daran.

Ich habe das Stück schon wer weiß wie oft gesehen, ich brauche das nicht mehr.

Warum sind Sie dann hier?

Draußen ist mir zu viel los.

Doch zurück zum Anfang! Wer fragt sich nicht, was ist das für ein seltsames Licht?

Was geht da vor, Weihnachts-mann?

Die Leute haben Weihnachten über und wollen es ab-schaffen.

Verständlich! In dieser Jahreszeit ist die Stadt un-erträglich!

Wenn wir die Menschen doch nur vom wahren Geist der Weihnacht über-zeugen könnten!

Ich hab da was, damit überzeuge ich jeden von allem! Soll ich, Weihnachts-mann?

Geduld, Habakuk! Ein-salzen können wir sie später noch.

TSCHACK-KLACK

Wisse, Weihnachtsmann, das ist das erste Mal, dass die Auslieferung der Geschenke nicht zu Ende gebracht wurde! So schreibt es die Chronik!

Sie irrt! Das gab es vor vielen Jahren schon einmal.

Auch damals waren die Menschen der Weihnacht überdrüssig.

Was ist seinerzeit geschehen?

Etwas Schlimmes!

„Und es hat geraume Zeit gebraucht, um die Dinge wieder zum Guten zu wenden!"

Was ist das für ein Licht?

Wahrscheinlich ein Reklamegag!

An Weihnachten wollen sie ja alle etwas von uns.

Jedoch, so kann man sich täuschen...

BLITZ

WOOOSCH

Ich weiß schon, wer schuld daran ist!

Sie sind auf dem Holzweg, Sie alter Schandgreis, Sie schäbiger!

In meinen Läden sieht es nämlich keinen Deut besser aus!

Sie lügen! Das liegt Ihnen, da müssen Sie nicht üben!

Sie stecken hinter dem ganzen Schlamassel!

Sie reden wirr! Das muss das Alter sein!

Ich bin vielleicht ein Greis, aber immer noch gewieft genug, um Sie zu durchschauen! **Gestehen Sie, Klever!**

Kriegen Sie sich wieder ein und kommen Sie mit!

Bitte sehr! Meine Läden sind ebenso leer wie meine Kassen!

Ja, in der Tat!

Na gut, aber womit haben wir es dann zu tun?

Das kann ich Ihnen erklären!

Ich bin Professor Zupfgeiger vom Zentrum für Raumzeitforschung! Ich lade Sie zu meinem Vortrag ein, dem halb Entenhausen beiwohnen wird! Bitte folgen Sie mir!

STADT-HALLE

Das Universum hat gewissermaßen einen Sprung in die Zukunft gemacht!

Was heißt das?

Dass Weihnachten dieses Jahr nicht stattgefunden hat!

BANG

Und damit auch keine Geschäfte! Ächz!

Da muss man doch etwas tun! Aber was?

Keine Sorge! Die Wissenschaft wird das Problem lösen!

Jawohl ja! Ein Hoch auf die Wissenschaft!

Mit diesem Computer synchronisiere ich sämtliche Uhren der Welt und stelle sie um 24 Stunden zurück!

Wirklich sämtliche?

Auch die Sanduhren?

Aber sicher! Und vergessen Sie nicht die Sonnenuhren und die Wasseruhren und die mit dem Kuckuck!

Nur ein winziger Klick und die Zeit selbst wird auf mein Kommando hören!

Dann klicken Sie endlich, sonst platzt mir der Kragen und dann kracht es!

KLICK

KRACH

Schiefgegangen! Ein großer Schritt nach vorne für die Wissenschaft! **Stöhn!**

Das nenne ich Logik!

Keine Bange, das war nur ein erster Versuch! Weitere werden folgen!

Dann besorge ich mir lieber einen Helm!

Dieser Laser erzeugt ein negatives Gravitationsfeld, das die Zukunft schrumpfen lässt!

Was? Genau das steht in diesem Schmierblatt!

Natürlich! Der Professor hat den Artikel geschrieben!

Kraak!

WOOSCH

Noch ein strahlender Misserfolg.

PICK PICK

Sie sagen es! **Aua!**

Stöhn! Als letzte Möglichkeit könnten wir einen Tunnel durch die Raumzeit graben...

...aber leider versagt der Pressluftquantenhammer den Dienst!

Und nun?

Nun können wir nur noch eines tun...

Wahrscheinlich gibt es keine. Was ist das?

Ein aufziehbarer Zeitrückholer natürlich!

Und wie funktioniert der?

Man muss einfach nur den Starthebel betätigen!

Tatsächlich? Was geschieht dann?

Was weiß ich? Das erfahren wir, wenn es so weit ist!

Ich sage dir was... eines Tages werden sie dich garantiert auf den Mond schießen, Dussel.

Und?

Und dann ruf mich bitte nicht an.

Warum auch? Du wirst ja mit dabei sein.

Der Herr Bürgermeister hat recht. Und zum Glück bin ich hier, um diese ehrenvolle Aufgabe wahrzunehmen!

Was soll das heißen, Herr Duck?

Wie ja wohl allseits bekannt sein dürfte, sind meine Läden führend auf dem Spielzeugmarkt!

Ja und?

Wenn jemand also der natürliche Gesprächspartner des Weihnachtsmannes ist, dann ich.

Pah! Bei der Olympiade der Aufschneider würde man Sie mit Goldmedaillen zuschütten, Sie Schaumschläger!

Ich darf sagen, dass sich der Ertrag meiner Spielzeugsparte dieses Jahr verdoppelt hat!

Von kleinen Verlusten zu großen!

Reden Sie nur! Aber mit dem Weihnachtsmann spreche ich!

Ich bestimme, mit wem ich rede, das sage ich Ihnen!

Da waltet der Geist der Weihnacht!

Herzerwärmend!

Wer immer das ist, sag ihm, ich will nicht gestört werden!

KUCK SCHRILL

Sag es ihm selbst!

Ich bin gelernter Diplomelf und kein Sekretär!

Berufsstolz kann auch auf dem Arbeitsamt enden.

KUCK SCHRILL

Wer spricht?

Oh!

Ihr wollt mir sicher sagen, dass es kein Weihnachten mehr gibt! Das musste ja so kommen.

Hilf uns bitte! Wir sind verzweifelt!

Das wundert mich! Ihr seid selbst an allem schuld!

Ständig habt ihr genörgelt, geklagt und Weinachten infrage gestellt!

Du hast ja recht...

Aber nun bereuen wir es! Bitte, bitte gib uns das schönste Fest des Jahres wieder!

Da kann ich gar nichts tun, selbst wenn ich wollte!

Es hängt nicht von mir ab.

Von wem dann?

Von dem, in dessen Namen ich arbeite.

Bitte was?

Wer soll das sein?

Habt ihr nie vom Geist der Weihnacht gehört? An ihn müsst ihr euch wenden!

Aber wie sollen wir das machen? Wo finden wir den Mann?

Der Geist der Weihnacht ist weder Mann noch Frau, er ist überhaupt kein Wesen!

Der Geist der Weihnacht ist natürlich eine Seelenstimmung!

Verstehst du das, Tiger?

Klar. Bin ja ein Hund.

Aber du sollst diese Aufgabe natürlich nicht alleine stemmen müssen! Ich begleite dich!

Das war zu befürchten.

Moment mal! Wenn jemand ein Recht auf diesen Ausflug hat, dann bin ich das! Ich habe euch schließlich die Nummer gegeben!

Tja, irgendwie hat Habakuk recht!

Im Übrigen betrachte ich es als meine Pflicht diese Delegation anzuführen, als gewählter Vertreter des Volkes!

Ich habe den aber nicht gewählt!

Du bist auch nicht das Volk.

Am Ende tauchen alle in den schimmernden Schacht...

...auf der Suche nach dem Geist der Weihenacht!

168

169

Kein Stress mehr, kein Chaos, ist das nicht toll?

Nach Ihnen!

Bitte, nach Ihnen!

Fahr nur!

Nein, du!

LIEFER-KLAUS

Weihnachten ist nun wieder, wie es sein soll!

Ich wollte dir einen manuellen Melonenschäler kaufen, aber dann merkte ich, wie überflüssig das Ding ist!

Wie recht du doch hast, Olga!

Ich dachte daran, dir die Kuckucksuhr mit dem Karaokekuckuck zu schenken, aber dann kam sie mir plötzlich potthässlich vor und ich habe es gelassen!

Eine gute Entscheidung, Oskar!

Tja, das wird wohl eine Weihnacht ohne Geschenke werden.

Auf jeden Fall ohne **nutzlose** Geschenke.

Ich habe ein Buch für dich.

Danke! Ich wollte schon seit Langem mal wieder lesen!

171

172

Doch sind Geschichten zur Weihnacht Geschichten fürs Herz. Da hat keinen Platz, der bissige Scherz.

Das Weihnachtsfest-mahl der Gemeinde wartet, Chef!

Gleich, Baptist! Ich habe eben die Wochen-einnahmen bilanziert...

...und es fehlt ein halber Taler!

Wie merkwürdig! Das hat es noch nie gegeben!

Befürchten wir am Ende einen Diebstahl, Herr Duck?

Nein, ich glaube, ich habe die fünfzig Kreuzer freiwillig weggegeben. Aber ich er-innere mich nicht, an wen.

Wer im Weihnachtsfest keinen Sinn mehr findet, nichts als Kaufrausch und Wahn empfindet...

Was lässt Sie so ruhig bleiben?

Wer weiß, Baptist, der Geist der Weihnacht?

STADTHALLE

WEIHNACHTSFESTESSEN 2016

...der denke daran, dass er mit der richtigen Seelenstimmung so vieles verändern kann!

ENDE

Diego Fasano (Story), Salvatore Deiana (Zeichnungen)

Tritt näher, Kater Karlo.

Chic, dein neues Büro.

Schätze, die Einrichtung ist komplett geklaut.

Richtig, aber kommen wir gleich zur Sache.

Du empfindest deine momentane Arbeitssituation als unzumutbar?

Das trifft's genau!

Die Jahre sind nicht spurlos an dir vorübergegangen. Du bist nicht mehr jung, hast ein paar Kilo zugelegt, aber vor allem…

Grmpf! Was?

Du hast schon lange kein Ding mehr gedreht und wurdest öfter mit Micky gesehen.

Schnaub! Na und?

Du bist nicht mehr der Schurke, der du mal warst.

Was ist denn das für ein Unsinn?

Zugegeben, es läuft gerade nicht so toll, aber die Seiten habe ich nicht gewechselt. Und die Ratte hasse ich wie eh und je.

Das freut mich zu hören, aber beweise es.

?

Du kannst einem Anfänger beim Überfall auf die neue Bank helfen. Hier ist seine Adresse.

Und wenn ich mich weigere?

Dann werden wir dich wegen schwacher Leistung aus dem Verband werfen. Besser, du nimmst mein Angebot an.

WUMMER

Der wagt es, mir zu drohen? Mir, einem der Gründer des Verbands!

Als der noch Bonbons klaute, hab ich ihn unter meine Fittiche genommen... und jetzt schurigelt er mich!

Aber gut. Ein Grund mehr zu beweisen, dass ich auf Zack bin!

Ich suche den Knipser.

Zimmer 15, zweiter Stock.

Wer da?

Komm rein!

Ich bin's, Kater Karlo.

Der berühmte, alte Kater Karlo. Ich hab viel von dir gehört.

Tz! Alt?

Wir sollen die Diamant-Bank ausräumen. Ich hab schon ein paar Vorbereitungen getroffen.

Ach ja? Dann leg mal los, Jungchen.

Zuerst wird das hier zum Einsatz kommen.

Ein Fotoshooting? Nicht schlecht als Anfang. **Harr! Harr!**

Sehr lustig! Ich will mir einen Überblick über die Eingänge der Bank verschaffen. Dazu brauchen wir Fotos.

Während der Eröffnungsfeier ist die Alarmanlage abgeschaltet. Und dann schlagen wir zu.

179

Morgen ist die Eröffnung, oder haben Sie Einwände?

Ganz und gar nicht. Wir haben alles…

…im Griff. Die einzige Gefahr ist Kater Karlo. Aber der wird überwacht und scheint sich nicht zu rühren.

Der weiß wohl warum.

Er gehört zur alten Schule. Die Technisierung seines Metiers liegt ihm überhaupt nicht.

Deshalb ist er auch schon lange nicht mehr der Schurke Nummer eins in Entenhausen. Hehe!

KLICK

Erste Phase abgeschlossen. Ich hab 20 Fotos vom Objekt.

Perfekt! Dann komm zurück.

Stunden später…

Es gibt nur zwei Wege in die Bank. Entweder wir steigen übers Dach ein oder wir marschieren durch den Haupteingang.

Hmm…

Und dann brauchen wir nur noch das hier.

KLACK

KLACK

Den Alarmsabomat! Er blockiert die Datenweiterleitung der Sensoren.

Schluck! Nennst du das Gerät etwa Ausrüstung?

Klar! Wir verkleiden uns als Banker und spazieren mit dem Teil in die Bank.

Mal ehrlich, ein guter Plan sieht anders aus, Knipser.

Das Personal der Bank wird täglich kontrolliert. Außerdem ist der Verkleidungstrick uralt.

„Ich weiß noch, wie ich das selbst schmerzlich lernen musste…"

Grrr! Sie können mich nicht erkannt haben!

Seinen besten Stammkunden erkennt man immer.

Dann bleibt uns nur, aufs Dach der Bank zu steigen und durch die Schächte der Klimaanlage in den Tresorraum zu klettern.

Tz! Das kannst du vergessen. Auf dem Dach liegt der Schnee einen Meter hoch. Und deinem Gerät trau ich nicht.

Dann sag du doch, wie wir's drehen sollen!

Ich schlage vor, auf Nummer sicher zu gehen.

Darf ich dich daran erinnern, dass Risiken zum Beruf gehören?

Mir scheint, dass dir inzwischen einfach der Mumm fehlt!

So? Und mir scheint, du hast nicht begriffen, was ein Überfall ist!

Die Zeiten sind vorbei, in denen man die Bank stürmte und „Hände hoch!" brüllte.

Also gut, du hast gewonnen, Großmaul!

Aber wenn es nicht klappt, trägst allein du die Schuld.

Anderntags, in der Schalterhalle der Bank…

Es ist mir eine große Ehre, die erste Diamant-Bank in Entenhausen zu eröffnen. In diesem Haus sind Ihre Diamanten und Juwelen sicher.

185

Um einen Überfall zu deichseln, braucht man vor allem Hirn! Daher übernehme ich ab jetzt die Leitung des Unternehmens. Klar?

Das würde ich an deiner Stelle nicht tun. Nicht dass man dich nachher noch aus dem Verband wirft.

Unser Beruf birgt eben Risiken. Hast du das nicht selbst gesagt?

Grmpf! Dann lass mal hören.

Wir gehen durch den Haupteingang in die Bank…

Und brüllen: „Hände hoch! Das ist ein Überfall!"?

Wir werden weder brüllen noch mit Knarren herumfuchteln. Ich muss nur erst einen Anruf tätigen.

Ein paar Tage später…

WRRRR

Mein Name ist Kat McKarlo. Ich habe einen Termin mit dem Direktor.

Würden Sie einen Moment warten, Herr McKarlo?

Verehrter Herr McKarlo. Welche Ehre!

Vielen Dank, Herr Direktor. Können wir in Ihrem Büro weiterreden?

Wie ich bereits am Telefon sagte, machen wir in Diamanten und suchen in Entenhausen eine verlässliche Bank, um unsere Schätze zu deponieren.

Da sind wir die beste Wahl!

Sicher. Dürften wir Ihre Tresorräume sehen? Es handelt sich um Steine in Millionenwert.

Aber natürlich. Folgen Sie mir!

191

Auf dem Parkplatz der Bank…

Zuerst den Schnee von den Reifen…

…und dann schnell bindenden Zement aufsprühen.

PSCH

30 Minuten später…

Ist der Direktor da?

Warten Sie! Ich schaue mal nach ihm.

Hilfe! Alarm! Der Tresorraum wurde ausgeraubt!

Los, Jungs! Schnappen wir uns die Schurken!

Aber…

O nein! Die haben die Reifen zementiert!

VROOOO

Inzwischen...

Was zu beweisen war. **Harr! Harr!**

Der alte Kater Karlo! So gut wie eh und je!

Morgen fahren wir aufs Land. Ich hab da einen Plan...

Tags darauf...

Wenn sie Entenhausen verlassen wollen, müssen sie bald auftauchen. Es ist die einzige geräumte Straße.

Da ist die Ratte! Los, fahr rechts ran!

Sie türmen zu Fuß! Zwei bleiben hier, die anderen kommen mit mir.

Hier gibt es eine Hütte… **Keuch! Japs!**

Ächz! Puh!

Den Spuren nach wollen sie auf den Hügel. Teilen wir uns auf!

Diesmal entwischst du mir nicht, Ratte.

Bleib, wo du bist, und Griffel hoch!

Schluck! Kater Karlo?

Der Kleine bleibt, und du gehst zu deinen Kollegen zurück.

Tu, was er sagt, Albert!

ROMMS

KLIRR

199

Ich muss zugeben, dass ich Kater Karlo unterschätzt habe. Er hat seine Krise überwunden und…

He, Micky!

KINO

HEUTE DER GROSSE ÜBERFALL

LEO LANGFIN

Tag, Goofy!

Du warst nicht da, deshalb bin ich allein ins Kino gegangen.

PATSCH

Ich hatte zu tun. Welchen Film gab's denn?

Ein Abenteuer des großen Leo Langfinger.

Es ging um seinen legendären Gemälderaub. Allen war klar, dass die Ölbilder ihn magisch anziehen würden, doch…

…sie glaubten, er würde es nicht schaffen, die berühmten Schinken zu klauen. Sie haben sich geirrt, aber am Ende schnappt ihn die Polizei.

So ein Glück!

Pietro Zemelo (Story), Renata Castellani (Zeichnungen)

Das Fähnlein Gantersburg gräbt eine Riesentanne aus, bringt sie her und alle dürfen beim Schmücken mitmachen.

Wie? Ich dachte, ihr denkt ökologisch.

Richtig! Der Baum wird nach dem Fest wieder an seinem Platz eingegraben.

Verstehe!

Der will wohl die ganze Stadt überstrahlen.

Vor allem will er die Weihnachtsbeleuchtung der anderen in den Schatten stellen.

Mach auch die Lichter auf den Büschen an, Wanda!

Dabei übertrifft er sich von Jahr zu Jahr selbst.

Perfekt! Greller erstrahlt nur noch die Sonne.

Mir machen diese Wolken da Sorgen. Ich hoffe, sie werfen ihre Last woanders ab.

Aller-
dings...

Die Straße ist dicht. Wir kommen nicht in die Stadt.

O nein! Meine Schwiegereltern warten mit dem Essen auf mich!

Glück ge-habt! Ich wohne gleich hier vorn.

Die Gantersburger stecken im Schnee fest!

Und der Baum?

Der natürlich auch.

Verflixt! Er ist doch unsere Attraktion!

Da gibt es nur eine Lösung.

Und welche? Den Weihnachtsmann um Hilfe bitten?

Es gibt noch jemanden, der das Unmögliche schafft.

Der Flieger wäre ideal. Ich habe ihn für Herrn Duck gebaut, aber er war ihm zu teuer.

Klasse!

Ich muss ihn nur ein wenig umbauen...

KLANG

HÄMMER

So! Die Hand, die Weihnachtsbäume trägt.

Hehe!

Und wer fliegt?

Pfadfinder Tick, Trick und Track sind zum Einsatz bereit!

KA-KLACK

Das kommt nicht infrage! Das kann ich nicht erlauben.

Ich würde ja fliegen... nur leider bin ich für das Cockpit zu groß... genau wie Sie, Herr Oberstwaldmeister.

Kurz darauf...

He, ihr da unten! Ich hole den Baum ab!

SCHLUCK!

Ich hab ihn!

Ich wette, uns lässt er hier draußen zurück.

Umpf! Der ist ganz schön schwer.

Aber für meine eiserne Hand sollte das kein Problem sein.

Was tust du da?

Ich ändere meinen Wunschzettel. Ich will auch so einen Flieger haben.

Der Wind frischt auf.

Er müsste bald wieder hier sein.

Krzzrkrrr... Kinder?

Wir hören dich. Ist alles in Ordnung?

Sicher! Ich habe das Bäumchen.

Krzzz... bestens! Bring es gleich zum Park.

Verstanden. Ich komme... krrrrz...

ZAPP

ZAPP

Grundgütiger! Die Laternen gehen aus!

He! Was zum...

O nein! Ein Stromausfall!

Onkel Donald, bitte kommen! Hörst du mich?

Nanu? Wo ist denn Entenhausen geblieben? Da unten ist nur Dunkelheit.

Und der Tank ist auch fast leer. Es wäre ja zu schön ge- wesen…

Ich Armer! Ich habe keinen Orientierungs- punkt. Was mache ich jetzt?

Es ist dunkel! Onkel Donald kann uns nicht sehen!

Eine Idee muss her! **Sofort!**

Denkt nach, Brüder!

Wir brauchen ein Leuchtfeuer, um für Onkel Donald eine Landebahn zu mar- kieren.

Hätten wir doch nur einen Weihnachtsbaum zum Anzünden!

Das ist es!

Wir haben zwar keinen Baum, aber Schmuck.

Richtig! Den Leuchtschmuck könnten wir im Park verteilen.

Und wie schalten wir dann das Licht an?

Da wüsste ich etwas. Gebt mir nur zehn Minuten.

In der Zwischenzeit sammeln wir so viele Lichterketten wie möglich.

Gute Idee. Die Leute werden uns ihre Hilfe nicht verweigern.

Aber einer muss dafür sorgen, dass die Aktion durchorganisiert und geregelt abläuft. Sonst wird das nie etwas.

Ich melde mich freiwillig.

Fieselschweiflinge zum Rapport! Verteilt euch über die Stadt und holt leuchtenden Schmuck!

Jawohl, Herr Oberstwaldmeister!

Da ist der Erfinder!

Keuch!

Ein Stromgenerator?

Ja. Ich habe ihn als Notstromaggregat für mein Labor angeschafft. Her mit den Steckern…

Und Licht!

BLITZ

Hurra!

Krzrrr… Onkel Donald, bitte kommen… krzzz… nach unten…

Typisch Daniel Düsentrieb! Das Fluggerät ist genial, aber das Funkgerät die reinste Katastrophe.

Wenn ich nicht bald erkennen kann, wo ich bin, wird's hier oben brenzlig.

Giorgio Fontana (Story), Roberto Vian (Zeichnungen)

Und wann wird der Tag sein, an dem wir freie Hand haben?

Das Gute ist am besten, wenn es naheliegt. Also sagen wir… morgen!

Aber morgen ist Weihnachten! Da ist die Börse geschlossen... alles ist geschlossen! Kein Mensch macht Geschäfte!

Grunz!

Genau! Sehen Sie, das ist der Unterschied zwischen mir und einem gewissen traurigen Bankrotteur. Ich ziehe selbst aus dem Nichtstun noch einen Gewinn!

ENDE

Roberto Gagnor (Story), **Luca Usai** (Zeichnungen)

Einige Stunden zuvor…

Keine Bange, Onkel Dagobert! Die Fracht wird zu Weihnachten in Entenhausen sein.

Das hoffe ich… für dich, Neffe!

Warum sorgst du dich? Es sind doch nur 72 Container voller Püppchen.

Spielzeug in limitierter Auflage!

Ich will die Actionfiguren Duckinator und Naturette zum Sonderpreis als Weihnachtsaktion verkaufen – und zwar morgen!

Du musst also pünktlich hier sein, klar?

Tz! Ich werde in Entenhausen sein, bevor du…

KRUNCK

228

Ich verstehe nicht. Was meinst du mit „Krunck"?

I-ich rufe später wieder an.

Schluck! Ich fürchte, ich stehe jetzt reichlich dämlich da, nicht wahr?

Mayday! SOS! Schiff in Nöten! Hört mich jemand?

Laut und deutlich, Donald… ich bin gleich bei dir.

Was? Diese Stimme kenne ich doch!

Micky, du?

Richtig! Und ich schätze, du bist froh, mich zu sehen.

Ich komme gerade von einer Reise mit Indiana Goof. Ein Schiff wieder flottzumachen ist die reinste Erholungskur nach einer Woche in den Sümpfen Mangrovias.

Uff! Ich bin gerettet!

Allerdings! Ohne mich loben zu wollen, aber ich habe schon viele Schiffe gerettet.

Ob Vollschiff oder Dampfkahn, ich bin auf allen firm. Du wirst ein Exklusivmanöver mit…

WRRRRRRR

KRUNCK!

Exklusiv-manöver? So, so.

Hüstel…

GLUCK   GLUCK

Daher, nur wenige Schwimmzüge später…

…ein paar Container sind verloren. Um genau zu sein, alle…

…bis auf einen.

Was?

Ich habe den Kindern Entenhausens ein wunderbares Fest mit den Figuren versprochen und ich werde sie nicht enttäuschen!

Schaff mir diesen einen Container bis morgen Abend her, oder du wirst die nächsten 100 Jahre als Christbaumverkäufer in der Wüste verbringen!

Seufz! Wir können es unmöglich bis morgen schaffen.

Was, willst du etwa so schnell aufgeben?

Wir müssen nur ein Ersatzschiff finden, Donald.

Und davon wimmelt es hier geradezu.

HAVARIE III

Fragen wir die beiden da!

Hilf mir, du Faultier!

Wir haben eine Abmachung, Wilbur. Ich denke, du ackerst.

BLUES WILLIS

Verzeihung!

He! Zwei Kunden!

Ahio!

WUMP

Interessieren Sie sich für „Der Meerwolf" in 867 Teilen? Oder für „Bau dir ein Iglu"? Soll es „Schneeschuhe für Katzen" sein? Dazu gibt es sogar ein Geschenk gratis.

MILBE

Also, wir arbeiten für Dagobert Duck und…

Wirklich? Er ist unser Spitzenlieferant. Darf ich uns vorstellen?

Wilbur und Leonard, Loseblattsammlungen auf und ohne Bestellung.

Wobei ich der Kopf des Unternehmens bin, er der große Zeh.

Und das ist unsere Verpackungs- und Vertriebsmaschine. Toll, nicht wahr?

Wie funktioniert die?

SCHLURPS

Hilfe!

Im Allgemeinen recht zuverlässig. Heute allerdings macht sie, was sie will.

He, so würde er blendend in das neue Ostereiersammelset von Garberge passen.

SPUTZ

Grmpf!

Und was ist das?

Eine Tragfläche für unseren besten Kunden. Da es das letzte…

…Teil eines Bausatzes mit einer Loseblatt-anleitung von 100.567 Seiten ist, gibt es das gratis zum letzten Blatt. Und wir haben uns gedacht, bringen wir das Teil persönlich nach Gantersburg.

Wir müssen bis Weihnachten in Enten-hausen sein. Würdet ihr uns und unseren Container bis Gantersburg mit-nehmen? Von dort kommen wir allein weiter.

Sicher, aber unter einer Be-dingung.

Sie sind doch der berühmte Micky Maus, oder? Signieren Sie bitte die Loseblattsammlung „Bedrohte Nager und seltene Mäuse". Dann nehmen wir euch mit.

Umpf!

Sie sind ein wenig sonderbar, aber nicht unsympathisch.

Vor allem können wir dank ihnen nach Hause zurück.

Seid ja vorsichtig mit dem Container. Er enthält eine Fracht, die äußerst wertvoll für meinen Onkel ist.

Das ist aber mal interessant.

Offenbar bin ich genau am richtigen Tag aus der Strafanstalt von San Palma getürmt. **Harr! Harr!**

Schon bald darauf sticht man frohgemut in See…

Die sammeln alles, was es als Loseblattsammlung gibt, sowie die Bausätze dazu und verkaufen sie als Komplettsets.

Keine üble Idee. Aber mir kommen die beiden etwas wirr vor.

BLUES WILLIS

SPOTT SPOTT SPOTT

Wir sollten die Augen offen halten. Jede kostbare Fracht lockt Piraten an.

In diesen ruhigen Gewässern doch nicht.

Aargh!

SWIIII

Sa-sagtest du ruhig?

BOMM

KA-BOMM

Sind das Piraten oder nicht?

Das sind die **Panzerknacker!**

Blues Willis! Macht euch bereit, geentert zu werden!

Bereit machen zum Entern... und setz den dämlichen Hut ab!

Aber wir sind doch jetzt Piraten, oder?

PLOTSCH

Hahaha! Der war nicht schlecht!

Gllb!

KATSCHUNK

FLUNG

Trifft sich gut, dass ihr so viel zum Basteln dabeihabt.

Eben! „Bau dir ein Katapult" ist einer meiner Lieblings-sammelbau-sätze.

„Die unerträglich stinkende Jauche zum Anrühren" gab es gratis dazu.

Wir ziehen uns sofort zurück! Und ich will keinen Kommentar hören.

Bei allen Walen des Eis-meers...

Wir kommen wieder! Grrr!

Sieg! Die Panzerknacker türmen!

Dann geht es jetzt weiter. Entenhausen erwartet uns!

Interesse an der praktischen Hellebarde für die ganze Familie?

Oder an dem Luxuskorkenzieher?

Die Ratte hat es diesen maskierten Nieten gezeigt.

Damit hat er mir sogar mal einen Gefallen getan. **Harr! Harr!**

24. Dezember…

Der Hafen von Gantersburg. Endlich!

Wer führt das Anlegemanöver aus?

BLUES WILLIS

238

240

Unser Schiff versinkt jeden Moment.

Zum Glück wartet unser Kunde ganz in der Nähe.

Wir dagegen brauchen ein neues Transportmittel, um nach Entenhausen zu gelangen.

Ein großer Lkw wäre schön!

Ich habe einen Bausatz für einen Lastwagen. Wenn ihr das Set komplett nehmt, gibt es sogar den Auspuff gratis. Na, was sagt ihr dazu?

Schluck!

Und zum Zusatzkit „Antriebswelle und Anhängerkupplung" gibt es diesen gebrauchten Reifen.

Seufz!

Gut, aber dann passt ihr in der Zwischenzeit auf den Container auf.

Klar! Einer von uns beiden, nämlich ich, ist die Wachsamkeit in Person.

Anleitung, Punkt 1 von 16.785: „Such dir die Reifen zusammen!"

Hüstel! Verzeihen Sie die Störung.

?

242

Was ist mit euch los?

Wir wurden überfallen. **Autsch!**

Das waren die Panzerknacker.

Sie haben fast alles geraubt.

Gllb! Onkel Dagobert wird furchtbar wütend sein.

Und was noch schlimmer ist...

...wir werden Weihnachten nicht zu Hause feiern.

He! Das letzte Wort ist noch nicht gesprochen.

Wie? Er?

Die Lage war nur ernst. Jetzt ist sie katastrophal.

PAFF

Welch eine Überraschung!

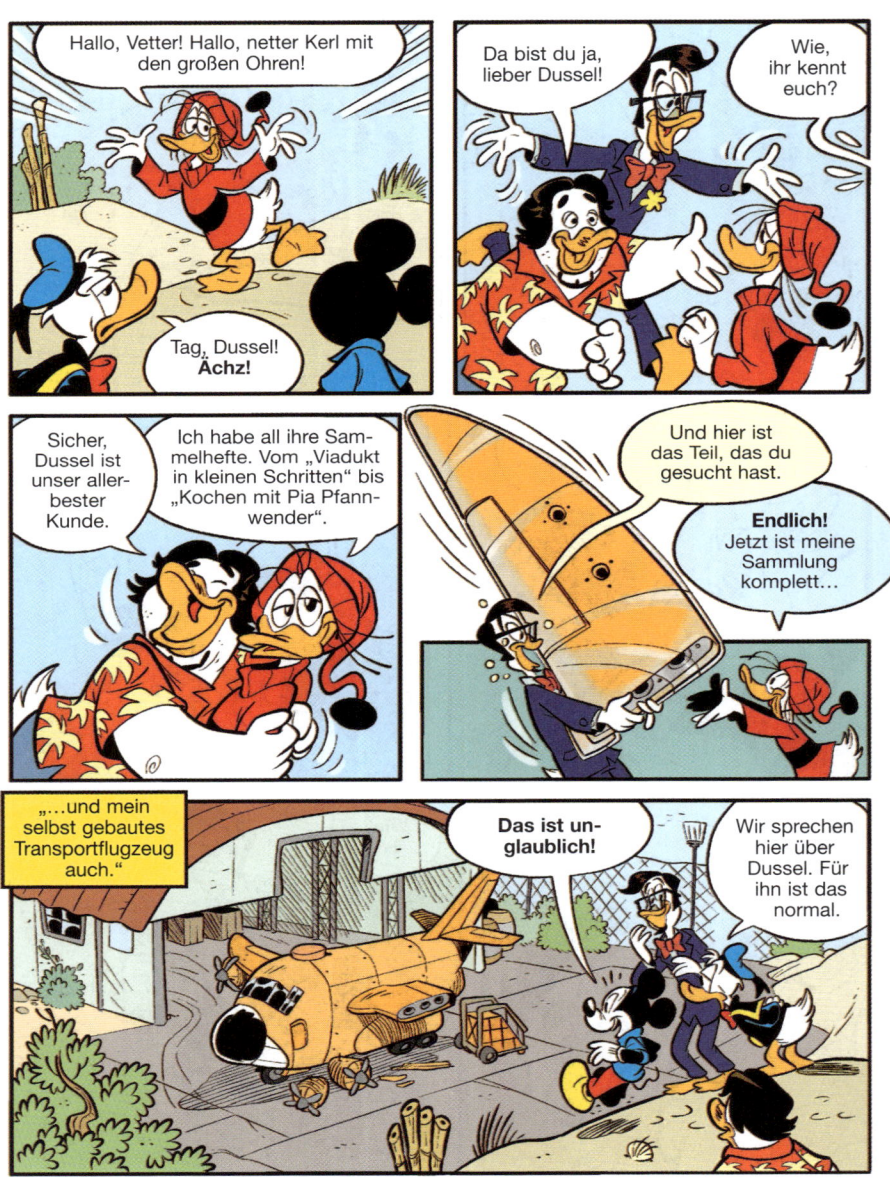

Derweil...

Dussel, ich glaube, du hast vergessen, dieses wichtige Teil in deine Maschine einzubauen.

Ups! Wie dumm von mir.

Ist das dein Vetter? Du hast mein vollstes Mitgefühl.

PATT PATT

FÜÜÜ

Es ist zwar nicht ganz gelaufen wie geplant, aber immerhin haben wir sie aufgehalten.

KK ACKS

BRDAKDMM!

Ich will endlich verhaftet werden, Brüder.

247

Nein! Eine mechanische Bestie!

Dussel hat Kater Karlo besiegt.

Mickylein, mein Freund! Halt dieses Ding an… bitte…

Hahaha! Er sieht aus wie ein Osterei!

SING-SANG

Grmpf!

Und jetzt, hübsch verpackt oder nicht, liefern wir euch bei der Polizei ab.

Etwa als Weihnachtsgeschenk?

Und wir fahren nach Hause!

Hurra!

Ihr habt nur einen Container gebracht. Aber gut. Je weniger es von diesen Actionfiguren gibt, desto teurer kann ich sie verkaufen.

Moment! Ihr habt nicht bezahlt!

Der Herr da hat gesagt, Sie würden sie uns schenken.

Na warte! Grrr!

Ich habe nur gesagt, was Wilbur gesagt hat.

Und ich hab's von Dussel.

Wir verschenken unsere Loseblattsammlungen doch auch, wie zum Beispiel diese Rarität, „Kacheln leicht gemacht".

Leonard, es reicht jetzt!

Ich werde mich rächen!

Aber, Herr Duck… wieso sind Sie denn derart wütend… urks!

Das verstehe ich auch nicht. Es ist Weihnachten. Und selbst wenn Sie ein Geschäft weniger gemacht haben…

Was dann, Herr Maus?

...haben Sie alle glücklich gemacht.

Oh!

Die habe ich mir gewünscht!

Das ist das tollste Weihnachten von allen!

Sie haben recht. Im Grunde ist es sogar eine günstige Werbeaktion. Also los, Kinder! Nur Dagobert Duck ist derart großzügig. Merkt euch das fürs Leben.

PATT PATT

Alles in Ordnung?

Schon, aber ich fürchte, es ist zu spät, um jetzt noch nach Hause zu gehen. Die anderen feiern vermutlich bereits.

Wieso? Glauben Sie wirklich, dass Ihre Freunde ohne Sie feiern würden?

?

Es ist Weihnachten. Da lässt man doch niemanden allein.

Wow!

Minnie! Goofy! Meine Freunde! Alle sind da!

Tick, Trick, Track! Daisy... Hurra!

Was könnte schöner sein, als Weihnachten zusammen mit Familie und Freunden zu feiern?

Zum Beispiel, endlich einen ganz besonderen Bausatz auszuprobieren. Nämlich das...

...„Stativ für ein Selfie mit den berühmtesten Entenhausenern".

Wunderbar! Kommt alle her, Kollegen Gammas!

Disney ENTHOLOGIEN

Band 56: 978-3-7704-0372-1

Band 57: 978-3-7704-0546-6

Band 58: 978-3-7704-0547-3

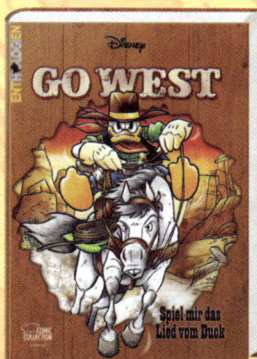

Band 59: 978-3-7704-0639-5

Band 60: 978-3-7704-0667-8

© Disney

Band 61:
978-3-7704-0954-9
Ab 10.12.2024 im Handel!

Alle Bände 19 €